JN439471

해바라기는 밤새워 동쪽으로 간다

윤만영 시집 4

계간문예

해바라기는 밤새워 동쪽으로 간다

| 시인의 말 |

망팔望八의 나이에
겁도 없이 대든 것이 화근이지만
어쩌겠는가, 이제 와서
포기할 때를 놓치고
되돌릴 수 없는 지경에 이르고 말았다
십 년 가까이 걸음걸음 걸어온 길
가던 길 갈 수밖에 없어
또 한 번 얼굴을 내민다

열네 살 소년의 꿈이
이루어지고 있는지?
낯반대기 두꺼운 얼간이가
어떻게 변해가고 있는지?

떫기만 하던 땡감이
조금씩 익어가고 있는지?
묻고 싶어서다
많이 부족한 작시作詩들이지만
버릴 수 없어 부끄럼 무릅쓰고
네 번째 발자국을 내고 있다
독자들에게 고개 숙여 양해를 구하며….

2020년 夏 醉碧軒에서

峖峰 尹萬寧

■ 차례

제2부 해바라기는 밤새워 동쪽으로 간다

제3부 이 자리에 나무를 심는다

제4부 나를 찾았다

제1부

내 의자는 많다

핑계

새해 일출 앞에서
두 손 모으고
채워지기를 간절히 기원했는가
비워지기를 발원했는가

황홀한 일몰 앞에서
만족하다고 감사했는가
모자란다고 소원했는가

움켜쥐어 봐야 두 주먹이고
끌어안아 봐야 한아름이요
욕심껏 짊어져 본들 한 짐인 것을

언제 갈지 몰라서
남겨둔 것들 못 버린다

끊으려면 참아야 한다
— 금연

곁에 없으면 불안했다
그런 너에게 결별을 고하고 돌아선 후
돌아오라는 달콤한 유혹에 고뇌하며
참고 또 참았다

꿈결에도 입 맞추던 너에게
이제 영원한 이별을 고하며
갠지스 강가에 혼불을 피운다
너의 체취와 입술을 하늘에 올리고
한줌의 향불을 꽃배에 실어
강물에 띄운다

다시 만나잔 말 못하고

망부亡夫

여명에 나가 붉은 노을 질 때야 허리 펴고
당신 얼굴 마주하며 손잡고 돌아오던
우리 울인데 오늘따라
문턱을 넘어서기가 힘이 드네요

자식들은 더 넓은 세상으로 세간나고
빈집에 냉기 흐르는 방
밥상머리 마주할 임 없어 외롭고

세월이 흐르면서 변하는가
자식보다 임 생각 먼저 나니
당신 곁에 갈 때 되었나 보오

정情

정!
싸우면서 살아도 정이 깊어진다지요
아직도 정이 모자라
우리는
지금도 그렇게 살고 있습니다
늙는다는 것은 슬픈 일이 아니지요
여행지를 변경해야 할 신호등이지요

화로에 묻어놓은 감자

산골짝 오두막에 겨울이 오면
하얀 달 눈 위를 가고
화로에 묻어놓은 감자 익어 가는데

오두막 삼간이 빈집 같은 건
울어대는 문풍지 때문만은 아니다

행여나 이 밤에라도 올까 눈에 밟히는 손주들
아랫목에 펴놓은 잠자리에 머무는 눈길

창밖에 달도 짝 없이 가는구나

늦게 알았다

내 속에 나를 가두고
아집의 노예가 되어
시련의 늪을 헤맬 때
움켜쥔 손
손바닥을 보지 못하고
사구砂丘에서 물을 찾던 어리석음

먼데 가지 않고도
나무처럼 뿌리를 내리면
숲을 이룰 수 있다는 것을
늦게야 깨달았다

한 우물을 파야 한다는 것을

봄바람 II

봄바람!

간밤에 안개가 스멀스멀
별빛을 가리더니
안달 난 성화에 못 견디고
한겨울 지켜온 가슴 내주고
꽃망울을 터트리고 말았구나

바람도 바람나고
사람도 꽃바람 났구나

어이한단 말이냐

망구望九

한 발짝 두 발짝 옮기다
잃어버린 고향
강산이 일곱 번이나 바뀌었구나

세월이 흐르는 바람소리 다르고
몸을 휘감고 도는 차고 뜨거운 세월
땀에 젖은 얼굴 마를 날 없어 흐른 골짜기
산이 높고 강이 깊다 한들
주름살에 서린 애환의 세월만큼 깊으랴

상복 입은 갈대 머리 하얗게 서리 내리고
나
그 속에 섰노라

까막눈 뜨려고

못 배워 한이더니
가방 메고 학교 가는 날
아프던 무릎도 말짱하다

두 자 배워 한 자 까먹어도
손자 같은 짝꿍의 도움으로
불 밝히는 눈目

저녁상 물리고
복습하는 할매
한 송이 꽃이 핀다

영감은 모로 누워 자면서
코도 못 곤다

지팡이 짚을 때가 됐다

매일같이 오가던 길인데
발걸음이 무거워진다
눈 감고도 다니던 길에 돌부리가
발가락을 물고 놀자 하고

회초리로나 쓸 법하던 어린 나무가
나와 함께한 세월에
안아줄 만큼이나 커서
가는 길 오는 길에 쉬어가라 정을 주네

물레방아
삐걱 삐걱 돌아가는 소리

초침秒針보다 빠른 사계四季

눈을 감으면 눈꺼풀 너머에 잔영이
아지랑이처럼 피어오른다

냉이 달래 향으로 단장한 빛 속으로
알몸으로 달려온 설매화
뒤따르는 산수유 벚꽃 목련이
복숭아 개나리 진달래까지 불러들여
흥을 돋운다
바람과 함께 숨어든 하늘 비
훼방꾼에 입술을 빼앗기고 목마른 날
바다가 그리워진다

커튼을 활짝 열어 제치고 맞이한 강물
그늘 바람이 상쾌하다
무지개 타고 온 배롱나무 장마를 달래고
백일홍이 된다

파뿌리보다 하얀 억새와 갈대꽃이 피고
서리 맞은 몸뚱이에 상복으로 갈아입을 무렵
철새들의 군무가 장관을 이루고
하얀 계절이 왔음을 알린다

초침秒針보다 빠른 사계四季
함박눈이 오는 날은 바람도 잔다

사랑한다는 것

정자나무 아래 평상에 누우니
매미 우는 소리 요란하다

굼벵이로 7년을 땅 속에서 살다가
날개를 달고 매미라는 이름으로 태어나서
환희의 고고성을 울리는가
여생 보름 살이 서러워 우는가
사고四苦중에 태어남도 고통이요
죽음도 고통이라 했던가
여생 죽도록 사랑만 하다가 가리라
저렇게 처절한 구애의 세레나데를 부르는가!

뒤돌아본다
이승에 태어나서 맺어진 인연들이
자웅雌雄이 벌이는 본능적인 행위를
사랑이라 착각하고 살아온 것은 아닌지
가슴 시릴 때 따뜻한 말 한마디
얼마나 주고받았을까

이름 모를 풀꽃들의 밀어 속에도
사랑이란 말이 있을까?

이승에서 저승으로 가는 길목 삼도천三途川에서
다시 만날 것을 약속함은 인사치레가 아닐는지
나는
나무에 피는 꽃을 사랑했는가 나무를 사랑했는가
묵언의 참회 속에서 인연들과 서로
자유로웠는가
감사의 뜨거운 눈물 흘려 봤는가!

나뭇가지와 잎새 사이로 흐르는 빛
살아 있어서 찬란하다

겨울이 오기 전에

가을비는 소리를 낸다
오동나무 잎과 창문과
맑은 물에서 건반을 두드린다

이별이 서러워
눈시울이 붉은 잎새들

나는 단풍잎을 줍는다
시집 갈피마다 채워 넣고
긴 겨울밤
잊혀져가는 어머니의 얼굴을
더듬어간다

눈이 내리는 밤이면
더욱 그러하다

내 의자는 많다

근사한 책상과 의자는
그만둘 때 그곳에 두고 나왔다

내 집엔 작은 책상과 의자면 족하다
공원 산책로에도 의자가 있다

친구 만나러 전철 타면
그곳에도 경로석이 있다

보고 싶습니다

재주 없어 난장판에도 끼지 못하고
잘생긴 데 없는 얼굴이라
색시들이 눈길 한 번 안 주니 가정파탄 없어 좋다

열심히 더듬어 살면서 평균 수명 넘겼으니
이만하면 미련 없지 않은가

단 한 가지 부모님 영전에 서서
생전에 꼭 할 말을 못했습니다

사랑합니다
보고 싶습니다
낳아주셔서 고맙습니다

아직도 많이 남아 있다

언제나처럼
새날이 밝으면
커튼을 밀어붙이고 창밖을 본다
계절의 내음이 반갑게 마중하는데
달려온 평행선 철길이 산을 뚫었다

살아온 세월이 그러했듯이
이제 고역苦役에서 벗어나
그만 쉬어야 할 나이인데
우리 둘이 가야 할 평행선인데

아직도 많이 남아 있는 길
천천히 쉬어가며
즐겨야 할 길이 남아 있지 않은가

겨울 한가운데서

매연에 그을린 잎새는 지고
광화문 광장에 매서운 바람이 분다

성에를 걷어낸 창밖에 별들은
옛터에서 빛나고
밤바다 파도의 울음 달래려
등댓불 밤을 지새운다

강산은 그 자리에 있으나
얼어붙은 깊은 겨울 가지에 산새는
날갯짓이 없다

어둠은 가시고
횃불로 오는 아침 햇살
기다리지 않아도 오는 봄
꽃은 다시 필 것이다

웃는 가죽나무

지는 낙엽에도 향기가 있다

도리도리 짝짜꿍
곤지곤지 잼잼 재롱부릴 때는
세월을 헤아리지 않았다

신발 신고 마당에 나서면서부터
정신 팔고 놀다가
강을 건너고 산을 넘어 들판을 오가는 사이
가죽나무 되었구나

비록 가죽은 거칠어도
해맑은 아이들 웃음소리
도리도리 짝짜꿍
곤지곤지 잼잼 하며 잘도 논다

빨간 우체통

뒤곁에 감나무
마당가에 대추나무
대문 밖에 빨간 우체통
추녀 밑에 가지런히 쌓아 놓은 장작들

영감 살아있을 때
심고 만들고 산에서 져 나른 것들
내 곁에 다 있는데
밤이 깊어도 돌아오지 않는 당신

우편배달 아저씨 다녀가도
당신 소식은 비어있고
돌아서는 가슴은 저려옵니다

가시와 장미

인연이라는 것
참으로 깊고 질긴 것이다

희로애락의 덩어리여서
따로 떼어내서 묻을 수도
나뭇가지에 걸어놓고 돌아설 수도 없는
바람 같은 것

함께 할 수밖에 없는 가시장미
꽃잎은 피처럼 붉다

사람 사는 동네에서

과수원 개구멍으로 들락거리며 과일 서리하고
참외, 수박밭을 망가뜨리고
불 놓고 밀 이삭, 콩대 서리해 구워 먹고도
온 동네 휘젓고 뛰어놀았다

어른들은 외양간 횃대 위에 잠자는
닭을 서리해 갔다

우리들의 할아버지, 아버지, 아저씨는
이놈들, 큰 소리 치며 잡으러 오는 시늉만 했다

다음날 꾸벅 인사하면 그놈들이구나, 아시면서도
머리 쓰다듬어 주시는, 그런
사람 사는 동네에서 살았다
때 묻은 툇마루 기둥 붙들고 담 너머 내다보는
누나들도 같이 살았다

나는 절도범이었다

봄이 오는 소리

바다가 하얀 비늘을 세우고
산자락을 흔드는 것은
기상나팔 소리다

바람이 분다
목마른 나무들 바람개비를 돌리고
물 흐르는 소리
산천초목이 빨대를 빨고 있다

하얀 구름 같은 날개가
나를 청춘으로 초대한다
싸리문 밖에 양지쪽 보랏빛 작은 제비꽃
엎드리고 세운 노란 민들레 꽃대
봄을 밀어 올리고 있다

부르는 소리 들리는데

그때
열네 살 소년이었다
여기가 아닌 고향이란 곳에 있었다
산에 자라는 나무도 아닌데
멀쩡히 걸어 다니는 사람인데

내가 길을 잃었나요?
여기서만 살아야 하는 이유를
여든 살이 넘었는데 모르겠어요

그전에는 이산가족이 천만 명이라 했는데
다음에는 몇 십만 명으로 줄었고
지금은 몇 만 명이래요
다
어디로 갔대요?

지금도 들리는데 우리 어머니
자식 이름 목 놓아 부르는 소리 들리는데…

제2부

해바라기는 밤새워 동쪽으로 간다

자연으로 되돌리고 가자

산을 보고 강을 건너며 암벽을 본다
얼마나 오랜 세월이 빚은 풍광인가

세월을 쪼개고 또 쪼개서
시간이란 걸 만들어 놓고
백 미터를 몇 초에 뛰었냐는 것은
부질없는 일인가

시간의 길이는 세월의 길이와 같지 않은가
고속열차를 타고 비행기를 타고
바쁘게 뛰어다녀도
살아 있어서 먹이를 찾아다니는 것뿐인데

가지고 갈 수 없어도
나무를 심는 것처럼
자연 속에 남기고 가자

생선 가게에서

허기진 배 채우려다
잘 포장된 저승사자의 유혹에
낚싯바늘을 보지 못했다

살기위한 처절한 몸부림도
허공에서 숨이 막혀 말 한마디 못하고 다문 입
마지막 경련으로 누워버린 몸뚱이
감지 못한 큰 눈
저승을 본다

이승이 천국인 것을 알았으나
돌아갈 수 있는 바다는
보이지 않는다

어머니를 위하여

하지 감자 몇 알 잡수시고
개울 건너 천수답에 피 뽑으러 가신 어머니
허기를 어떻게 달래셨을까

밥그릇에 잡곡밥 보시고
저것들 언제나 이밥을 먹일까
지금도 가슴 아파하실 어머니

들녘에 피어오르는 아지랑이
씨 뿌리시는 어머니 모습 아른아른 멀어져가고
어머니 유택에 할미꽃이 피었다

뒤주에 하얀 쌀
항상 채워두고 살리라

어머니를 위하여

시詩 타작打作의 꿈은 멀기만 하다

어릴 적 엄마 따라 오일장에 가면
먹고 싶었던 것들이 아직도 눈꺼풀에 매달려 있고
쇠전거리 국밥 냄새가 지금도 코끝에 묻어있다

꿈을 이룬다는 것이 알싸한 채찍 맛을 모르고
어찌 산고를 치르겠는가
시 타작 하겠다고 도리깨 휘둘러보지만
욕심에 눈이 멀어 옥석을 가릴 줄 모르니
어찌하오리까
도리깨질로 바닷길을 내겠다고 대든 무모함이
부끄러워진다

누구나 학창시절 품었을 문학 소년의 꿈
칠십 년이 넘어서도 버리지 못하는
미련함이여

고향의 빛

오차 없이 반복되는 밤과 낮
멈추지 않는 세월 속에서
생존을 위한 카멜레온처럼 살아온 삶

항상 목마른 입술은
번쩍이는 도시의 불빛 속에서
밤을 흔들고 지는 꽃잎

찬 이슬 내리는 계절에 노을빛
낙엽이 진다
아프게, 아프게 뚝뚝 진다

색色이었나
빛光이었나 해와 달은
강물은 흐르고 바람이 분다

아
멀고 먼 여행길에서 바라본
내 고향은 별빛이다

밥상머리

구부러진 등을 타고
바람과 함께 넘어간 발자국은
되돌아오지 않으셨습니다
재 넘어 양지바른 곳에
할미꽃이 되어 계십니다

그리울 때마다 가슴에 안겨
"엄마! 사랑해" 한마디 못한
참회에 눈시울이 앞을 가립니다

좋아하시던 계란찜 굴비구이
때마다 드릴 수 있는데…
당신이 앉아 계시던 자리엔
당신이 사랑으로 키운 손주들이 앉았습니다

잘못된 순서

이산가족 상봉
금강산에서 잔치 벌렸습니다
끌어안고 기쁨의 눈물을 흘렸습니다
잠도 따로 자고 다시 헤어졌습니다
떠나는 버스 창문에 매달려 통곡합니다

인도적인 차원에서 마련한 이산가족 상봉
대대적으로 중계방송 했습니다
제2의 이산 장면도 빠뜨리지 않는 배려까지…

이상하지요? 통 크게 한다면서
편지로 생사 확인부터 하고
전화로도 안부 주고받은 다음
명절에 선물도 주고받으며
고향 오고가면 되는 것인데…

철조망 가로지른 곳
상봉장인가요?

면회소인가요?

통 크게 한다면서
벼룩이 간 만도 못한 통들…

닮은 놈들

복과 맹꽁이가 마주쳤다
서로 못 보던 놈들이라
놀래기는 매한가지

터지도록 부풀린 배때기 마주하고
공통점을 발견한 그놈들은
휴 바람 빼고 제 갈 길로 갔다

짜식
놀랬잖아
송곳 무서운 놈들이라서…

감자밭

어머니가 감자를 캐고 계신다
한 알이라도 놓칠세라 흙을 뒤집는다

홀로 밭에 앉아 계시는 모습이 예전 같지 않다
검은머리 백발 되시고
등과 허리는 굽고
두 무릎을 가슴에 안고 캐고 계신다

지나간 세월을 뒤집으며
가난했던 옛날을 더듬으며
엊그제 같았던 청춘을 찾고 계신다

고랑에 내어놓은 감자는
금쪽같은 내 자식이다

남기는 말

영혼이 떠나고 나면, 몸에
쓸 만한 것이 있거든
가져가도 좋소
남길만한 이름 석 자도 아니니
밟고 다녀도 좋소

해바라기는 밤새워 동쪽으로 간다

빨리 커서 어른이 되어야지
철없을 때니 알고 한 소리는 아닐 테고

더하기만 하며 살다
더할 숫자가 많지 않다는 것을 알기까지
기십 년이 걸렸다

빼기는 아예 없는 공식 속에서 그나마
평균 수명 넘겼으니 족하지 않은가

해바라기는 밤새워 동쪽으로 간다
일출을 보기 위해

그림자와 춤을

깨끗한 삶이란 게
몸에 묻은 흙은 물로 씻어내면 그만이지만
마음의 때는
마음으로 닦아야 하거늘…

불평불만 없이 용서해주며
따라준 그림자 앞에
오만과 사치스런 옷을 벗어버리고
알몸으로 손을 내민다
우리 둘만을 위한 달빛 아래서
춤을 추자

우리는 애초부터 한 몸인 것을 잊고 산
주인인 양 으스댄 죄 용서 빌며…

내 고향 추녀 밑에 제비집 짓겠지

155마일
귀신도 얼씬 못하는 땅에
길을 내고 다리를 놓는다고 하네

누가 누구를 위한 다리가 아닌
누구나 자유롭게 오가는 큰 다리

정치꾼의 헛말이 아닌
진실이기를 비네

생전에 내 고향 추녀 밑에
제비집 짓는 것 보겠네

빨간 우체통 대문 앞에 달아놓고
보낸 편지 답장 받아 보겠네

제2의 고향 IV

내 고향 안봉산 아랫자락 기르마재에서
낯익은 이웃들과 살 때는

쟁개비에 애호박 썰어 넣고
낭화나 떠덕제비 끓여 먹을 때
두구니에서 달걀 꺼내다 풀어 넣으면
수태 맛 났지

겨울에 학교 갔다 오면
아랫목 포대기 속에 복주깨 덮어 넣어 둔 따땃한 밥
해주 용당포 황갯벌에서 잡아온
칙거이 갈거이 농거이 간장조림 반찬으로
맛나게 먹었지
장참 먹어도 물리지 않았지

지금은 용문산 서녘 설매재 아래 솔마을에서
낯선 사람 많은 곳에 살면서는

냄비에 애호박 썰어 넣고
칼국수나 수제비 끓여먹을 때
닭 둥지에서 계란 꺼내다 풀어 넣으면
정말 맛있었지

겨울에 학교 갔다 오면
아랫목 포대기 속에 뚜껑 덮어 넣어둔 따뜻한 밥그릇
해주 용당포 황갯벌에서 잡아온
칙게 갈게 농게 장조림 반찬으로
맛있게 먹었지
계속 먹어도 질리지 않았지 하며
살고 있다

가짜 뉴스이기를

한평생 산다는 게 어쩌면
오늘의 운세와 일기예보 같아서
믿자니 그렇고
무시하자니 찜찜한 구석이 있는 세상

대처에 나가 사는 자식들 주려고
약봉지 감춰놓고 먹고
쑤시는 삭신 파스 붙이고 장만한 것들인데
휴게소 쓰레기통에 버려진 것들
무엇이란 말이냐

천길만길 벼랑으로 침몰하는 가슴

길손

징검다리 건너
칼날 같은 비탈길을 가며
비바람 눈보라 속에서도
쉬어가는 시간은 주어지지 않았네

조금은 익숙해질 즈음
해는 서산에 걸치고 그림자도
내 곁을 떠나고 없는 밤

땅에만 길이 있는 줄 알고 달려와 보니
별천지로 가는 길은
하늘에 있다는 것을 알았기에
나는 나그네라네

고향 흙 한 주먹 쥐어 봤으면

설화雪花가 피고지고 피고지고더니
야윈 매화 가지에 가늘게 뜬 눈
또다시 봄은 왔다

빈 텃밭에 봄을 심으면
흙냄새가 좋아
호미 자루 놓을 새 없어도 밭에서 맨발로 논다

실향의 칠십 년 세월에
초롱초롱하던 눈에 눈곱이 끼고
탱글탱글하던 장단지가 풀 자루가 되고
검던 머리엔 흰 머리카락만 자라고
지팡이가 있어야 편한 나이 되었으니…

몇이나 남았는지 모를 봄이지만
고향 가서
흙 한 주먹 쥐어봤으면

부끄러운 소풍

아이들 어렸을 때
사이다 한 병 과자 한 봉지 없이 소풍 가던 날
인천 연안부두 걸어가던 길
모래바람이 불었다

점심에 모래 밥을 먹었다
배고파서 버릴 수가 없었다

그 이후
아이들도 나도
인천 연안부두 소풍 이야기
감추고 살았다

입동立冬에

가을빛이 따가워 고운 옷으로 갈아입고
수줍어 앞가슴 여미더니
간밤에 다녀간 비바람에
넋을 놓고 말았다

폭염에 흐르는 땀
손등으로 훔치며 살았더니
청춘은 어디가고
세월에 밀리는 주름살만 남았다

허나
허송세월 않았으니 부끄럽지 않아서
얼굴 쓰다듬으며 거울 앞에 서니
아들 딸 손주들 하나 가득 꽃이 폈다

부끄럽지 않다

옛날에
자치기 구슬치기
딱지치기 하며 놀았다

어느 시대나 그러했듯이
과거와 현재가 공존하며
미래를 창조하는 흐름 속에 살고 있다

요즘 아이들 가지고 노는 것
컴퓨터와 스마트폰
나는 컴맹에다 스마트폰맹이다

그러나 부끄럽지 않다
이제라도 배워야 할 만큼
절실하지 않은 나이가 되었다는 핑계가 있다

독후감

책을 보고
글자만 읽었다
까만 머릿속에
하얀 구름만 떠다닌다
헛것을 본 게야
모음과 자음의 결합만 본 게지
낟알을 보지 못하고
쭉정이만 본 거야

발자국을 물고 날아간 새

비행운의 꼬리가 용문산을 넘어가고
설매재 가는 길 어둠이 내리면
인적 드문 빈 길만 산모퉁이를 돌고
하늘엔 영혼들의 눈빛이 반짝인다

지나온 뒷길에 삶의 흔적으로 남은
발자국은 바람에 날려가고
빗물에 씻겨 강으로 흘러가고 남은 것은
새들이 물고 하늘로 날아갔다

유효기간 다 된 육체는 연기 같아서
흐느적흐느적
종종걸음 해도
족적마저 남지 않는 여생

묘비

여기
잎새 하나 떨어져
흙이 되었노라
-나 무-

제3부

이 자리에 나무를 심는다

석양夕陽에

목화송이 사이로 조각난 하늘이 깊다
지는 단풍 붉은 입술을 떨고
서산에 노을은 장엄한 불꽃으로 지는데
도리질 쳐도 날치기 당한 것 같은 허무
청춘은 되찾을 길 없다

풀꽃에서 고목에 이르기까지
물 한 방울에서 바다를 이루기까지
천지天地가 스승인 것을 모르고 살았다

살아있어서 깨닫는다
텃밭에 고구마, 옥수수, 콩 조금 축냈다고
짐승 다니는 길에 올무 놓지 말고
사람 다니는 길 막지마라

까치밥으로 남겨놓은 연시
투명하게 붉다

겨울바다

겨울바다는 외롭다

철썩이는 바닷가 모래성에서
가슴에 팔딱이는 심장만으로
울음을 어이 달랠까

수평선 끝에서 못다 한 사랑의 몸부림
두루마리 감고 달려와 부서지는데
잡히지 않는 손, 손

아
달랠 수 없는 울음
못다 한 이야기 나누려
겨울 바닷가에 섰다

막차가 떠난 자리

서글서글한 큰 눈을 가진 소녀가
동생의 손을 꼭 붙들고 처마 밑에 서서
버스정류장을 바라보고 있다

막차가 떠난 빈 길에
어둠이 기어들고
호롱불 같은 가로등이 고개를 숙이고
발등을 내려다보고 섰다

한낮에 널어놓은 빨래 거두며
눈이 큰 아이는
빨랫줄에 눈물을 감춘다

내일은 꼭 오실거야

개가 월월月月 한다

달이 밝다

창문을 여니 개가
달을 보고 월월月月 풍월을 한다
시견詩犬이 세상 돌아가는 꼴을 아는 듯하다

나도 창밖 세상에 대고
왈왈曰曰 했다

달이 지도록
개는 월월 하고
나는 왈왈 하고 있었다

식목

이 자리에
나무를 심는다
나도 모르고
너도 모르는 날이 오면
그 자리에 내가
뿌려지리라
영원한 삶을 위하여

마을회관의 겨울

산골 동네에 들어서니
적막강산이 따로 없다
짖어야 할 개가 꼬리치며 다가온다

이 골목 저 골목 열려있는 대문
마당 넓은데 닫혀있는 방문
퇴방엔 신발 한 켤레 없고
주인은 집 비우고 어디로 갔는가

새벽닭 울고
개 짖는 소리, 아궁이에 불 지피고
하얀 연기 굴뚝에 피어오르면
아이들 한마당 뛰놀던 웃음소리 간데없고

태극기 새마을운동 깃발 휘날리는
마을회관 근사한데
넓은 마당에 서니
주인 잃은 유모차 몇 대 가슴이 시리다

밥상

사각 밥상에 마주하면
날카로운 모서리에
작은 상처가 덧나고
침묵의 시간은
무딘 날을 세우고
정을 갉아먹는 보이지 않는 선이
화해의 틈을 주지 않는다

두레반으로 바꿔야겠다

봄이 오면

물동이에 띄워진
나는 종이배
스며드는 봄물
나는 침몰하고 있다
둥근 하늘과
둥근 바다 속으로
꿈을 꾸고 있다

잘못된 설계

산이 있고 나무가 있고 개울이 있어 좋은 곳에
터를 잡은 것까지는 좋았는데
젊은 혈기에 가릴 곳이 필요했던지
겹겹이 칸을 치고
하늘을 덮어버렸다
손바닥만 한 창엔
누가 들여다볼까 가림막을 치느라
허비한 세월

저만치 물러서서 바라보니
형편없이 잘못된 성城이 되고 말았다
어쩌랴, 헐고 다시 짓기엔 많지 않은 시간
맹물 먹고도 잘 자라는 수양버들처럼
바람 붙들고 춤추며 살 수밖에…

이산가족의 봄

내 안식구가
호미와 비닐봉지 들고 나서더니
봄을 하나 가득 담아왔다

저녁 밥상에 토장 풀어 봄 국을 내놓았다
냉이와 달래는
어머니의 젖 내음이다

또 한 번 실향민은
갈 수 없는 고향의 봄을 마주했다

황혼에

지금까지 않던 말한들
봉창 두드린다 할 테고

양洋껌 씹지 않고 꽈리 불던 아가씨
안짱다리에 구부정한 허리
배낭 짊어지고 다니는 꼴 보기 싫어
보따리 내려놓고 다니라는 버럭에도
대꾸 없는 할매가 더 안쓰러워
먼 산 바라보고 섰다

아는가 할매야, 그게 다 내가 미워
내게 하는 소리라는 거

꽃 같고 나비 같은 할멈아!

업은 아이 찾아 칠십 년

들에 계신 어머니에게
아이가 아이를 업고
젖 먹이러 다닐 때
비 맞은 병아리처럼 힘들었던 시절
엊그제 같은데

칠십 년 세월이 흐른 지금도
업은 아이 찾아 고향으로 간다
어머니 계신 곳으로

들머리 은행나무

해주평야 사방 30리
취야翠野 장터에서 기르마재 가는 길
들머리에 은행나무 세 그루 서 있다

옛날에 어른들 말씀이
양쪽에 암나무 거느리고 거들먹거리다
벼락 맞아 반쪽은 불타고 남은 가지가
그래도 서방 노릇은 제대로 했는가
가을이면 누런 은행이 다닥다닥 열렸다

수령은 알 수 없으나 몇 백 년은 족히 되었을
할머니, 할아버지 같은 나무
올 봄에도 싹은 트고
황금잎 책갈피에 넣어 주겠지

해주평야 들머리 지나면
안봉산 자락 기르마재가 내 고향…

내 이름은 알렉시오 II

주일마다 성당에 간다
하느님은 보지 못하고
하느님의 말씀만 전해 듣고 온다
아직 눈도 뜨지 못한
애기가 옹알이를 하고 있다

봄 기행

구걸하거나 빌릴 수도
훔치거나 빼앗을 수도
돈 주고 살 수도 없다

산 정상에 오르면
하늘은 더 높은 곳에 있고
봉우리는 지평선을 이룬다

냉이, 달래 향기 치맛자락에 날고
부는 바람에 날갯짓 가벼운데
몸속으로 녹아드는 향수
묵을수록 깊어지는 그리움

어머니의 가슴에
다시 한 번 안겨봤으면

세상살이

내 머리 위로
별이 떨어졌다

나는 하늘로 올라갔다

그 자리엔 사람들이
죽은 별을 보려고
구름처럼 모여들었다

운석을 주우면
횡재 한다던가…

흙으로 돌아가는 유골함은
동막골 비탈길로 들어선다

더 있다 오란다

전쟁터 포화 속에서
총을 잃어버렸다
이승과 저승의 갈림길에서
마지막에 주어지는 참회의 순간
하늘이 돌고 산천이 돌고 있었다

아!
죽음이라는 것이 이렇게 오는구나
넋을 붙잡고 확인한다
오른손 왼손 열 손가락 펴고 구부리기
왼발 오른발 높이 올렸다 내리기
모든 동작이 정확히 작동되고 있었다

어찌된 일인가
살아야 한다는 욕망을 앞세우고
염라대왕 앞으로 갔다
판정은 내려졌다
"여기는 더 있다 와도 된다고"

병명은?
귓돌耳石의 이탈로 평형平衡을 잃었을 뿐이라고

인명人命은 재천在天

육칠십 년 전에 결핵에 걸렸었습니다
40여 년 전엔 만성 B형간염 진단 받았습니다
2~3년 전엔 골수암 의심 진단을 받았습니다

결핵은 나도 모르게 걸렸다 나았다는 흔적으로 남고
B형간염은 죽으려 해도 죽을 시간이 없다며
병원 문을 나섰던 나에게
기적 같은 면역을 선물했습니다

골수암 의심 정밀검사 결과 보러 간 날
걱정 안 해도 된다는 말에
나는 세 번째 해피엔딩을 외쳤습니다!

그래서 인명은 재천이란 말이 있나 봅니다

기다리지 않는 어머니

어머니 장롱 속에는
새 옷이 곱게 개어져 있었고
꼭꼭 묶어 놓은 주머니 속에는 용채가 들어있었다
신발장에는 깨끗이 닦아 놓은 하얀 고무신
그러나 어머니는 떠나시고 안 계신다
자식들이 안부 물어오면
밥 세끼 잘 먹고 건강하니
내 걱정 말고 너그들이나 건강하라고…

어머니는 거짓말쟁이셨다
늙어서 그런 걸 뭘 얘기해
자식들 걱정하게

어머니!
이 철없는 자식은 어찌하오리까
불효도 못하게 가신 어머니!

상여가 울며 간다

얼굴 없는 나무들
토막 난 몸뚱이에 나이테만 남기고
쓰러진 나무는 죽었다

꽃은 지고 나비 떠난 어둠 속
바람도 떠나고 돌아오지 않는다
하늘 나는 새도 길을 잃었다

메마른 계곡에 속살을 밟고
상여가 울며 간다
흙덩이를 담은 상자를 메고 간다

지구라는 별의 표피를 벗기는 자者
출렁이는 호수의 뚝방을 무너뜨리는 자여!

먼지를 뒤집어쓰고
울며 가는 상여를 보라!

나무는 여름에 옷을 입는다

겨울은 춥다 그러나
함박눈 내리는 고요한 날에
모자를 쓰고 목도리를 두르면 님 생각이 난다

여름에는 덥다, 발가벗어도 덥다
비가 오는 날 우산 속에 연인도 종종걸음 하고
그늘 밑에 얼음도 땅속을 파고든다

나무는 겨울에 옷을 벗고
여름에 옷을 입는다
나무와 나는 이렇게 다르다

그러나 동고동락은 필연
꽃피고 단풍 드는 계절엔 팔짱을 끼고
세월 고개를 넘는다

살아서 고향 가라고

빈곤의 삶은 사막에 발자국을 남기고
강물에 흘려버린 서러운 이별

암벽 틈새마다 울컥울컥 치솟는 소망
기다리다, 기다리다 심장은 멎고
망향의 두 눈을 감지 못했다

아버지는 그렇게 육신을 벗어 놓으시고
고향으로 떠나셨다
산으로 가셨다

발뒤꿈치를 놓칠세라 따라 나섰던
열네 살 소년은 고향 잃고 부모마저 잃고
팔십 넘은 고아가 되었다

밤마다 울어대는 부엉이, 소쩍새
소년아! 너만은
살아서 고향 가라고 하는 아버지의 기도

제4부

나를 찾았다

나를 찾았다

제복을 벗고
계급장 떼고 보니 내 몸에도 날개가 있었다

긴장과 가식의 체면치레 굴레에서 벗어나
여유라는 것
자유라는 것의 맛을 알았다

나그네도 아니요, 떠돌이도 아닌
앨버트로스의 날개를 달고
나만의 세계로 떠나보자

내 안에 빗장을 뜯어 버리고

짚신 생각 II

쉬어갈 수 없는 길
행선지의 끝은 보이지 않고
지금까지 닳고 닳아 버려진 짚신이
몇 켤레인지는 중요하지 않다

풀잎에 매달린 하얀 이슬
걸어온 길, 다리가 아프다
행여 돌부리에 걸려 낙상할까
조심해야 하는 길

전대에 남아 있는 잔전이
몇 켤레의 짚신을 살 수 있는지가 중요하다
남으면 다행이지만
모자라면 얼마나 슬픈 일인가!

환생의 길목에서

늦잠 잔다고 탓하지 마라
게으르다 흉보지 마라
국방의무 삼 년 소원이 잠 실컷 자는 것이었다

고픈 배 채우기 위해
무한의 노동으로 젊음을 불태울 때도
눈두덩이 붓도록 잠이 그리웠다

살림살이 이만큼 이룬 세월에
육체와 영혼이 불협화음을 이룬다
이별의 징조인가

근육이 풀리고 뼈가 삭아
걸음걸이가 흉물스럽고
보는 눈 듣는 귀 어두우나
세상 돌아가는 꼴 성에 차지 않아
두 눈 감고 굵은 잠 청한다는 것
세월이 일깨워 줄 테지
날개를 달기 위해
번데기 잠을 자야 한다는 것을

사랑 주고 싶어서

봄꽃이 피면 나이 들어도
가슴이 설렌다
짝지어 나비 나르고
손주들 재롱에 살맛난다

농사일 힘들어도
흙과 물과 빛을 먹고 자라며
내 발자국 소리 듣고 와락 안기는 것들
내 손으로 쓰다듬어 키운 보람
자식에게 주어 보낼 때
다 주고도 남는 사랑 어쩌랴

남은 사랑 다할 때까지
더디게 가자꾸나

어머니는 보수를 바라고
젖꼭지를 물리지 않는다

시詩를 쓰려고 시時를 쓴다

시는 어떻게 쓰냐고 물어온다면
시를 쓰면 된다고 답 하리라
시詩를 쓰고 싶으면
시時를 쓰면 된다고
시詩가 될 때까지…

물동이

우물 속에도 하늘이 있다
얼굴을 디밀면
옷고름에 꽃 수놓아 가슴에 매어놓고
호수 같은 눈웃음 짓던 누나 모습
지금은 할매 되어 환하게 반긴다

물동이는 그림책에서나 보는데
그 속에서 울려오는 메아리
고향 친구들의 목소리를 듣는다
고향이 보인다

우물 속에 물동이가 있다
물동이 속엔 어머니가 계신다

마르지 않는 강

나 태어나던 날
세상에는 아무도 없었습니다

어머니와
어머니의 젖꼭지와
호수 같은 눈동자 속엔
사랑이 가득했습니다

하늘이요
산이요
강물 같은 어머니만 있었습니다

어머니를 잃어버리고
칠십 년이 넘도록 찾아 헤매도
이 세상에 어머니만 보이지 않습니다

열네 살 아이는 몰랐습니다
피난길이 아니고 영원한 이별길이 될 줄은

정말 몰랐습니다

원통합니다
어 머 니 이~~
목 놓아 불러도
우리 어머니 대답이 없습니다

길이 엇갈린 것 같습니다

껍데기 되어

머리에서 빈 깡통 소리가 나는 것을 보니 앞으로 책을 읽는다거나 더구나 글을 쓴다는 것은 영 그른 것 같다

일찍이 읽고 쓰기를 게을리 하지 않았더라면 몇 권의 책을 더 읽었거나 몇 편의 글을 더 썼을는지 모르지만 신통했을 리 없고, 한평생 살면서 할 수 있는 재주가 한계에 부딪친 것이다

요만큼만 하고 쉬다 가라는 신호음인 것이다.

순리를 따르지 않고 무리수를 두다가 소가 웃을 수모를 겪을 테니 이쯤에서 접는 게 상책이다 싶다

다행인 것은 애초에 글쟁이로 밥 벌어먹고 살지 않았으니 헛껍데기가 되어 풍구 바람에 날아가도 굶어죽을 일은 없을 테니 다행이지 않은가

가위눌리다

못을 박으면 조직을 만들고
못은 숨어버린다
깨달으면 이미 늦은 것
나이테 끌어안고 바람막이도 없는 비탈에 서서
피멍든 잎새를 떠나보내야 한다
서릿발 같은 칼바람이 불 것이다
시베리아에서 소리 없이 달려온 바람자국
입내 역겨운 골목 홍등가에
뱀들의 혀와 차디찬 미소가 얼어붙고

넣어준 무정란을 품고 스무하루 되던 날
어미는 곤달걀을 품고 닭똥 같은 눈물을 흘린다
찌그러진 양재기에 흙을 담고
'불 때 불 때', 소꿉놀이하는 아이들의 눈망울
되돌아가지 말아야 할 가난의 세월
소스라쳐 눈을 뜨니 꿈이었다

가위눌린 거야
안도의 숨을 내쉰다

한 잔의 맑은 술

하늘의 명대로 살다보니 예까지 왔는가 보다

잊어서는 안 될 은혜는 폐허 속에 방치한 채
망각의 무덤을 만들고
깊은 곳에 묻어 잊어버려야 할 것들은 되살아나
뒤를 따르며 아프게 한다

삶의 흔적들이 끈적이는 범벅되어
명암의 주위를
배회하는 그림자들
거르고 걸러 한 잔의 맑은 술이 되어 준다면
세월이 권하는 자리에서 마시련만
세상살이가 이토록 사연만 가득한가

하늘의 별빛은 저렇게 찬란한데

시계 바늘

떠도는 말들을 주워 수를 놓는다
봉우리가 되고 꽃이 피고 지는 꽃잎
잎마저 질 때 이별의 설움
한 땀 한 땀 손끝이 흔들린다

침묵은 밖으로 뛰쳐나가고
분노의 불길이 타오른다
절규하는 함성

세월의 강은 변함없이 흐르건만
종착역을 앞에 둔 인간들의 아우성

그대들은
시침時針으로 사는가
분침으로 사는가
초침으로 사는가?

백록담에 물을 채우자

만년설을 등에 짊어지고 균열龜裂로
아주 천천히
지표를 핥고 있는 거북의 혀
조물주마저 잃어버린 시간으로…

골백번 참고 기다려도
빙하의 파도 소리는 들리지 않고
한 길 인간의 소갈머리는 날刀을 세운다

누가
세 번 참으면 군자 된다 했던가
차라리 백두산 천지 심연에 부표를 꽂고
한라산 백록담에 젖꼭지를 물리면
동강난 아픔의 울음을 달랠 수 있을 것을

오!
그날이 오는 때는 언젠가

반려자伴侶者

고양이의 눈은 아무리 선하게 보려 해도
범상치 않아 보이고
높은 곳을 오르내리는 유연한 몸매는 일품이나
발가락에 감춰진 발톱은
장미 가시보다 사납다는 것을 아는 나는
쉽게 사랑을 고백할 용기가 나지 않는다

힐끔거리는 경계의 몸짓이 풀리고
잔잔한 호수 같은 눈빛으로
꼬리를 고추 세우고 사뿐사뿐 다가올 때까지
손을 내밀며 기다리리라

나의 반려자로 맞이할 때까지

매우 나쁜 단계

남산이 보이지 않는다
베이징 자금성에서 날아온
미세먼지 때문이다

두 동강 난 허리 통증도 서러운데
마스크를 쓰고 헐떡이는 신음소리
광화문 광장을 메웠는데

블라인드 커튼 속에서
내다보지 않는 얼굴은 누구일까

이순신 장군은 오늘도
갑옷을 벗지 못하고 긴 칼 움켜잡고
눈 부릅뜨고 섰는데

궂은 나이 되어

부고장 받고
넋 떠난 친구 육신 마주하고 앉았다

왔는가, 웃어주는 영정 앞에서, 울컥
할 말이 뭐 있겠는가
옛날 돌아본들
지울 수 없는 추억은 어쩌라고…

저세상으로 떠나는 발걸음 등에 대고
많이 보고 싶어질 테지만
어쩌겠는가
마지막 할 수 있는 것은
손 흔들어 작별 인사를 보낼 수밖에…

척하면 삼천리

못 본 척
못 들은 척
모르는 척
뒷짐 지고 연신 헛기침이다
바늘귀와 구멍으로도
볼 것 다 보고 다 듣는다

수도자修道者의 독방獨房엔

수도자의 독방엔 작은 창문이 하나 있다
창문 크기만큼만 빛이 들어와 방바닥에 눕는다
맑고 흐림의 변화와
나뭇가지가 춤을 추고 풀들이 물결칠 때면
바람도 볼 수 있는 창이다

계절이 창문을 스치고 지나간다
흩날리는 낙엽, 이전에는
화려한 꽃을 피웠고
울창한 숲속에 박새가 찾아와
손바닥에 잣을 물고 간다
함박눈이 산천을 덮으면
감나무에 연시가 새들의 밥이 된다

만남과 이별의 나이테
나와 나의 문답이 오가고
내가 나를 찾아가는 길엔
적막과 고독이 나의 동반자다
한줄기 하늘의 빛을 찾아 나선 길
기도를 멈추지 않는다

자서전

양평에 제2고향 둥지 틀고 산지
강산이 두 번이나 변한 세월
남한강 북한강 만나는 곳 이름 하여
양수리, 두물머리라 부르더이다
두물 만나면 한물 되는 곳인데
합수머리, 한강이라 불러야 맞는 말 아닌가

가진 것 없이 태어나서
이산가족이란 이름으로 살면서
짊어진 바랑에 주먹밥 한 덩이 매달지 못하던
배고픈 세월 속에서
집도 절도 없다는 말은 사치였다
벌레 먹은 잎새는 계절과 무관하게 낙엽 지고
병든 열매는 떨어지는 법인데
용케 버티고 살아온 길 감사할 따름이다

그 많은 스침 속에서 짝을 만난 것은
기적이었다

평생 둥지 하나 마련 못하고 남의 둥지에
새끼 키우는 뻐꾸기가 되지 않았으니
또한 기적이 아닌가

없어 못 먹던 하얀 쌀밥 마다하고
보리밥집 찾아 나서고
고기 먹으면 살찐다고
야채와 과일 견과류 찾아 먹는
바보가 되었다

가는 길 멈추지 않고 뚜벅뚜벅 가다 보면
봄은 또 올 테고
봄이 오면 꽃이 필 테지

그날은 잃어버린 고향 찾는 날이었으면
얼마나 좋을까

철이 들 나이

몇 살이나 더 먹어야
세상 돌아가는 일을 알까
얼마나 더 살아야
세상 돌아가는 일 깨달을까

칭찬의 말 한마디 아까워
허물 들춰내는 사람들

건국 이래 성군 없고
충신 없는 나라
내 탓은 없고 네 탓만 하는 사람
부끄럽지 아니한가

잘한 사람 없는 우리 살림
누가 이루었단 말인가

촛불보다 많은 별빛이
하늘에 빛나고 있다

작품해설

정직하고 질박한 윤만영 시인의 시를 보는 몇 가지 키워드

| 跋文 |

정직하고 질박한 윤만영 시인의 시를 보는 몇 가지 키워드

이삼헌
(시인)

해주평야를 넘어서는 열네 살 소년의 마음으로

해주평야 사방 30리
취야翠野 장터에서 기르마재 가는 길
들머리에 은행나무 세 그루 서 있다
....
....
수령은 알 수 없으나 몇 백 년은 족히 되었을
할머니, 할아버지 같은 나무
올 봄에도 싹은 트고

황금잎 책갈피에 넣어 주겠지
해주평야 들머리 지나면
안봉산 자락 기르마재가 내 고향…

— 〈들머리 은행나무〉에서

'안봉산 자락 기르마재가 내 고향', 어깨춤이 절로 나올 것 같은 리드미컬하고(율동적이고) 질박한 표현이 가슴에 와 닿는다. 판소리도 이렇게 쏟아지는 가락이 아닐까. 윤만영 시인은 1951년 해주평야 들머리 지나 안봉산 자락 기르마재를 뒤로 하고 피란길에 올랐다. 그는 고향으로 돌아가지 못했다. 그곳은 '155마일 귀신도 얼씬 못하는' 금단의 땅이 되고 말았다. 그로부터 70년, 그는 용문산 자락에 제2의 고향 터전을 닦으며 시를 쓴다. 80세를 넘었지만 고향을 등질 때 열네 살 소년의 마음으로 깨끗하고 질박한 시를 쓴다.

……

해주 용당포 황갯벌에서 잡아온
칙거이 갈거이 농거이 간장조림 반찬으로
맛나게 먹었지
장참 먹어도 물리지 않았지

지금은 용문산 서녘 설매재 아래 솔마을에
낯선 사람 많은 곳에 살면서는
냄비에 애호박 썰어 넣고
칼국수나 수제비 끓여먹을 때
닭 둥지에서 계란 꺼내다 풀어 넣으면
정말 맛있었지
……

— 〈제2의 고향 Ⅳ〉에서

그의 시는 현대화에 오염되지 않았다. 우리 현대시의 일부가 새 경향을 지향한다고 암호 같은 문자를 나열하거나 기교에 지나치게 치장하는 것과는 달리 꾸밈이 없고 질박하다. 그러면서도 행간에는 절절한 이산(실향)의 아픔이 묻어난다. '칙거이 갈거이 농거이' 라는 단어의 의미를 정확히 몰라도 그의 시를 이해하는 데 지장이 없다. 그 단어 하나하나에는 황해도 취야翠野 벌판 햇살과 황갯바람을 담고 있기 때문에 고스란히 우리에게 다가올 수 있는 것이다.

시는 어떻게 쓰냐고 물어온다면
시를 쓰면 된다고 답하리라

시詩를 쓰고 싶으면
시時를 쓰면 된다고
시詩가 될 때까지…

— 〈시詩를 쓰려고 시時를 쓴다〉 전문

시란 무엇인가. 누가 말한 것처럼 詩란 시 이하도 아니고 시 이상도 아니다. 시는 시다. 그런데 윤만영 시인에게 '시詩는 시時'다. 시는 시간이고 삶이라는 뜻이다. 그가 시 쓰기를 본격적으로 시작한 것은 70대 이후이지만 그는 평생을 시로 살아왔고 또 앞으로도 시로 살아갈 것이다. 고향에 두고 온 해주평야는 그에게 끊임없이 시를 생산시키고, '지금도 들리는데 우리 어머니/자식 이름 목 놓아 부르는 소리 들리는데…'(〈부르는 소리 들리는데〉에서), '냉이와 달래는/어머니의 젖 내음이다/또 한 번 실향민은/갈 수 없는 고향의 봄을 마주했다'(〈이산가족의 봄〉에서), 저 소리가 들리고 젖 내음이 그에게 오는 한 이산의 아픔을 희망으로 승화시켜야 하는 숙명적 임무가 그에게 부여돼 있다. 그냥 주저앉아 절망할 수만은 없다. 그래서 '엎드리고 세운 노란 민들레 꽃대/봄을 밀어 올리고 있다'(〈봄이 오는 소리〉에서), '해바라기는 밤새워 동쪽으로 간다/일출을 보기 위해'(〈해바라기는 밤새워 동쪽으로 간다〉에서). 이 척박한 세상에서도 윤만영 시인은 일출을 보기 위해 밤새워 해 돋는 동쪽으로 간다.

사물을 정직하게 보며 일상 언어로 쓰는 시

그의 삶은 시며 시는 그의 삶이다. 윤만영 시인은 휴전 후 50년대 폐허의 서울에서 많은 시련을 겪었다. 학업에 전념할 어린 나이에 먹고 살기 위해 그리고 공부를 하지 않으면 안 된다는 절박함으로 명동이란 거친 벌판에서 거친 사람들과 맞서며 정직과 근면으로 여러 시련을 이겨냈다. 그 바탕에는 시를 쓰는 마음이 자리 잡고 있었기 때문에 가능했다. 70줄이 돼서야 시가 쏟아져 나왔을 뿐 이미 그는 '시詩는 시時를 쓰면 된다' 는 것을 일찍이 알았다. 명동의 어두운 터널을 탈출, 한 기업인으로 성장하는데 버팀목이 된 것도 바로 시였다.

생활이 시가 되다 보니 그에게서는 보통의 생활 언어에서도 아름다운 가락이 쏟아져 나온다. 〈끊으려면 참아야 한다(금연)〉는 시에서는 '이제 영원한 이별을 고하며/갠지스 강가에 혼불을 피운다' 고 노래한다. 절창이다. 누가 금연하기 위해 인간의 온갖 번뇌를 씻어내는 갠지스강에 혼불을 피울 생각을 했으랴. 사물을 대하는 정직함, 시를 위한 집중과 수련만이 이런 시를 낳을 수 있는 것이다. 이런 '집중과 수련'은 그의 시 전편을 흐르고 있다.

'구부러진 등을 타고/바람과 함께 넘어간 발자국은/되돌아오지 않으셨다/재 넘어 양지바른 곳에/할미꽃이 되어 계신다'(〈밥상머리〉에서), 온 가족이 모여 앉는 밥상머리를 정감 있게 그리며, 어머니를 밥상머리로 불러 모신다. 절제된 언어들의 백미다. 사물을 정직하게 보면, 어머니 등을 타고 바람과 함께 넘어가는 발자국을 볼 수 있고 어머니를 할미꽃으로 환생시킬 수도 있다. 조물주가 시인에게 이런 능력을 준 것은 축복이다.

'막차가 떠난 빈 길에/어둠이 기어들고/호롱불 같은 가로등이 고개를 숙이고/발등을 내려다보고 섰다//한낮에 널어놓은 빨래 거두며/눈이 큰 아이는/빨랫줄에 눈물을 감춘다//내일은 꼭 오실거야'(〈막차가 떠난 자리〉에서), 한 폭의 수채화처럼 다가온다. 한 소녀가 동생의 손을 잡고 버스 정류장에 서 있는 모습을 스케치한 것인데 알맞게 절제된 시공간이 아름답다. 이런 시 쓰기가 윤만영 시인의 특징이다. 시 쓰기의 혹독한 훈련을 거친 때문일 것이다, 윤만영 시인의 시는 시 너머의 여백에서 울려온다.

시는 우리의 희로애락喜怒哀樂을 문자로 표현한 것이다. 아무리 시의 담론을 극대화 시켜도 시의 범주는 이 안에 든다. 그래서 보통의 일상 언어로 진솔하게 엮어 내는 그의 시는 정감 있고 아름답다.

시의 날개 위에 앉는 일상의 메시지들

시인은 시를 통해서 말한다. 시로 하는 말은 때론 교과서보다 더 엄격한 계율을 지향하기도 하고 한 줄의 시가 한 권의 정치나 도덕 지침서를 넘어 더 크게 세상을 변화시키기도 한다. 시를 쓰는 이유도 이 때문이다. 이런 지혜들은 인위적으로 이루어지는 것이 아니고 시인의 치열한 구도자적 자기 수련에 의해서만 가능한 것이다. 다음 시에서 나무가 뿌리를 내려 숲을 이루는 지혜를 늦게 깨달았다는 것은 우리의 살아가는 자세도 이러한 것이라고 넌지시 보내는 메시지이다.

> 먼데 가지 않고도
> 나무처럼 뿌리를 내리면
> 숲을 이룰 수 있다는 것을
> 늦게야 깨달았다
>
> — 〈늦게 알았다〉에서

근사한 책상과 의자는
그만둘 때 그곳에 두고 나왔다

내 집엔 작은 책상과 의자면 족하다
공원 산책로에도 의자가 있다

친구 만나러 전철 타면
그곳에도 경로석이 있다

— 〈내 의자는 많다〉 전문

지는 낙엽에도 향기가 있다
……
……

비록 가죽은 거칠어도
해맑은 아이들 웃음소리
도리도리 짝짜꿍
곤지곤지 잼잼 하며 잘도 논다

— 〈웃는 가죽나무〉에서

그때
열네 살 소년이었다
여기가 아닌 고향이란 곳에 있었다

산에 자라는 나무도 아닌데
멀쩡히 걸어 다니는 사람인데

내가 길을 잃었나요
……
여든 살이 넘었는데 모르겠어요
……
지금도 들리는데 우리 어머니
자식 이름 목 놓아 부르는 소리 들리는데…

— 〈부르는 소리 들리는데〉전문

이 자리에
나무를 심는다
나도 모르고
너도 모르는 날이 오면
그 자리에 내가
뿌려지리라
영원한 삶을 위하여

— 〈식목〉전문

사각 밥상에 마주하면
날카로운 모서리에
작은 상처가 덧나고
침묵의 시간은

무딘 날을 세우고
정을 갉아먹는 보이지 않는 선이
화해의 틈을 주지 않는다

두레반으로 바꿔야겠다

— 〈밥상〉전문

살아가면서 터득하는 일상의 깨달음을 어떻게 시로 체화시키느냐도 좋은 시의 요소가 된다. 일상의 깨달음이 시의 날개 위에 앉을 때 좋은 시가 되고 우리네의 좌우명이 되기도 한다. 후회 · 자각 · 넉넉한 여유로움 · 촌철살인의 지혜 · 화해 · 용서 등을 시로 녹여내야 비로소 시가 된다. 윤만영 시인의 특장이다.

'물동이' 와 '상여가 울며 간다'

윤만영 시인의 시는 어디까지 왔나. 정직하게 사물을 보는 그의 시 물동이를 보자.

우물 속에도 하늘이 있다
얼굴을 디밀면
옷고름에 꽃 수놓아 가슴에 매어놓고

호수 같은 눈웃음 짓던 누나 모습
지금은 할매 되어 환하게 반긴다

물동이는 그림책에서나 보는데
그 속에서 울려오는 메아리
고향 친구들의 목소리를 듣는다
고향이 보인다

우물 속에 물동이가 있다
물동이 속엔 어머니가 계시다

— 〈물동〉」전문

사물을 정직하게 볼 줄 알면 물동이 안에서 할매가 된 누나가 보이고, 메아리는 물론 고향 친구들의 목소리도 들을 수 있다. 그리고 어머니도 보인다. 물동이 안에서 메아리 소리를 들을 수 있으면 선仙의 경지에 이른 것이다. 이를 위해서 윤만영 시인은 시를 써 왔고 앞으로도 더 많이 쓸 것이다.

얼굴 없는 나무들
토막 난 몸뚱이에 나이테만 남기고
쓰러진 나무는 죽었다

꽃은 지고 나비 떠난 어둠 속
바람도 떠나고 돌아오지 않는다
하늘 나는 새도 길을 잃었다

메마른 계곡에 속살을 밟고
상여가 울며 간다
흙덩이를 담은 상자를 메고 간다

지구라는 별의 표피를 벗기는 자者
출렁이는 호수의 뚝방을 무너뜨리는 자여!

먼지를 뒤집어쓰고
울며가는 상여를 보라!

―〈상여가 울며 간다〉 전문

나무도 죽고 꽃도 지고 나비도 떠난 어둠 속, 바람도 떠나 돌아오지 않고 하늘 나는 새도 길을 잃은 메마른 계곡에서 윤 시인은 먼지를 뒤집어쓰고 울며가는 상여를 본다. '그리고 먼지를 뒤집어쓰고 울며가는 상여를 보라' 고 절규한다. 상여가 섬뜩하게 다가오지 않고 큰 울림으로 다가오는 것은 메마른 계곡에서 처절한 고독을 만끽하며 한편으론 현재 우리가 안고 있는 현대문명의 위기를 상징하고 있기 때문이다.

참 나를 찾고 떠나는 새로운 세계

윤만영 시인은 이번으로 네 번째 시집을 내보낸다. 칠십 넘어 시작한 늦깎이 시인이 이만큼의 수확을 거둠은 경하할 일이다.

4부로 구성된 87편은 모두가 한 편도 소홀히 할 수 없는 편편들이다. 이산의 아픔과 실향에 대한 간절한 소망, 그리고 해주평야를 달리는 열네 살의 윤만영 시인은 80세가 넘어도 꿈 많은 소년 그대로다. 그래서 고향의 노래는 우리들의 육자배기 가락처럼 친숙하게 들려오고 제2의 고향으로 터전을 마련한 취벽헌醉碧에서 엮어내는 시들은 때로는 통일을 갈망하는 큰 교훈이 되고, 소소한 일상 속에서도 사물을 정직하게 관찰하며 열어 낸 촌철살인의 지혜들을 시의 날개 위에 올려놓는다.

그리고 80년 만에 윤 시인은 '참 나'를 찾았다. 이제 앨버트로스의 날개를 달고 그만의 세계를 날며 더 좋은 시를 마음껏 쓰기 바란다.

제복을 벗고

계급장 떼고 보니 내 몸에도 날개가 있었다

……

……

나그네도 아니요 떠돌이도 아닌

앨버트로스의 날개를 달고

나만의 세계로 떠나보자

내 안에 빗장을 뜯어 버리고

— 〈나를 찾았다〉에서

계간문예시인선 158

윤만영 시집 _ 해바라기는 밤새워 동쪽으로 간다

초판 인쇄 2020년 6월 30일
초판 발행 2020년 7월 2일

지 은 이 윤만영
회 장 서정환
발 행 인 정종명
편집주간 차윤옥

펴낸곳 도서출판 **계간문예**
편집부 03132 서울 종로구 삼일대로 30길 21 종로오피스텔 1209호
주소 03132 서울 종로구 삼일대로 32길 36 운현신화타워 305호
전화 02-3675-5633, 팩스 02-766-4052
인쇄 54991 전북 전주시 완산구 공북1길 16, 신아출판사
이메일 munin5633@naver.com
등록 2005년 3월 9일 제300-2005-34호
ISBN 978-89-6554-222-3 04810
ISBN 978-89-6554-118-9 (세트)

값 10,000원

이 도서의 국립중앙도서관 출판예정도서목록(CIP)은 서지정보유통지원시스템 홈페이지(http://seoji.nl.go.kr)와 국가자료공동목록시스템(http://www.nl.go.kr/kolisnet)에서 이용하실 수 있습니다. (CIP제어번호: CIP2020027344)